AF466205

ÉTUDES

SUR

L'ILE DE LA GUADELOUPE

(ANTILLES FRANÇAISES)

PAR

CAMILLE RICQUE

CHIRURGIEN-MAJOR DE L'AVISO A VAPEUR LE GRONDEUR, DE LA STATION LOCALE
DE LA GUADELOUPE
CHIRURGIEN DE 2e CLASSE DE LA MARINE IMPÉRIALE.

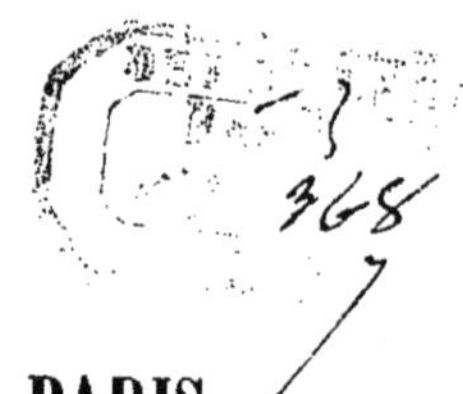

PARIS
GERMER-BAILLIÈRE
LIBRAIRE
RUE DE L'ÉCOLE DE MÉDECINE, 17.
1857.

STRASBOURG, IMPRIMERIE CHRISTOPHE, GRAND'RUE, 138.

ÉTUDES

SUR

L'ILE DE LA GUADELOUPE.

PROLÉGOMÈNES.

La Guadeloupe est une des plus considérables des îles de la mer des Antilles, autrefois nommées îles Caraïbes, du nom de leurs premiers possesseurs. Elle est située par 63°, 20′ et 64° 9′ long. O, et par 15°, 59′ et 16°, 40′ lat. N., au S. de l'Ile d'Antigoa, au N. de la Dominique et au N.-O. de la Martinique. Elle a environ 35 kilomètres de longueur sur 37 de largeur, et sa superficie est de 138 mille hectares. L'on y compte 127,574 habitants, dont les 4/5 au moins de population de couleur.

Quelques îles moins considérables, toutes d'origine volcanique, se rattachent à la Guadeloupe. L'une d'elle, Marie-Galante, riche et fertile, présente de tels rapports avec la grande île, qu'on pourrait la croire formée d'un lambeau séparé par quelque secousse gigantesque, et projeté quelques lieues plus loin.

La Désirade, noirs rochers incultes, à pic, constamment battus par les lames de l'Océan qui y déferlent avec furie et en rendent l'accès presque impossible, est presque inhabitée. L'on y a établi une léproserie destinée à recevoir les nombreux malades atteints d'éléphantiasis, affection malheureusement si commune chez la race nègre, et qui semble tendre à se propager et s'accroître journellement dans des proportions inquiétantes.

Les Saintes, divisées en Terre-de-Haut et Terre-de Bas, sont un point militaire de la plus grande importance, ce qui les a fait nommer le *Gibraltar des Antilles*. Mais elles manquent d'eau. La végetation y est par conséquent peu active; les seuls quadrupèdes que possèdent les habitants sont des cabris, dont la plupart sont à l'état sauvage.

CHAPITRE I.

The blood of the red warriors has basted the fields where so far had lain in rest the bones of their ancestors. The sons of the Turtle are not more !...

(Fen. Cooper. The Pioneers.)

Le sang des hommes rouges a arrosé les champs où jusque là avaient reposé en paix les os de leurs pères. Les fils de la Tortue ne sont plus...

(Fen. Cooper. Les Pionniers.)

§ 1.

L'ILE DE KAROOKERA.

Le 4 novembre 1493, Christophe Colomb découvrit la terre qu'il nomma Guadeloupe, à cause de la ressemblance de ses mornes avec la Sierra de Guadalupe. Le même jour, il reconnut la Désirade, les Saintes et Marie-Galante, qu'il appela ainsi du nom de sa caravelle amirale, la *Guapa-Maria.*

Dès le premier moment, il fut frappé du caractère doux et hospitalier des habitants qui non-seulement ne manifestèrent aucune crainte à l'aspect des hommes blancs, mais les engagèrent à entrer dans leurs carbets et leur offrirent des fruits et des galettes de Manioc. Ils nommaient leur île *Karookera* *.

Colomb ne forma pas d'établissement dans l'île nouvellement découverte. Longtemps la Guadeloupe fut dédaignée et ne servit que de point de relâche aux galions de l'Amérique espagnole, qui trouvaient de l'eau d'excellente qualité dans le torrent appelé autrefois rivière des Galions et aujourd'hui par abréviation le *Galion.*

* Montagne ou terre des forêts. Kara ou Karoo en Guarahni, signifie terre, pays, montagne. Pour les noms caraïbes, nous avons adopté l'orthographe anglaise, comme se prêtant mieux à la langue.

En 1635, des aventuriers français s'en emparèrent et, sous le commandement de Houel, commencèrent contre les Caraïbes une guerre d'extermination. La partie de l'île nommée la Grande-Terre ou Guadeloupe, proprement dite, fut érigée en marquisat et Houel reconnu par ses compagnons maitre et grand sénéchal. A la mort de l'Olive, un des successeurs de Houel, elle fut réunie à la couronne de France, et désormais ses gouverneurs furent nommés par le roi.

La Guadeloupe fut une des Antilles où le commerce de la traite se fit avec le plus d'activité. Elle lui dut sa prospérité.

A plusieurs reprises, les Anglais s'emparèrent de la Guadeloupe. En 1763, 1794, 1810 et 1815, mais ils la rendirent toujours à la France.

Depuis l'abolition de l'esclavage dans les colonies françaises, l'île est bien déchue de sa première splendeur. Les bras manquent à cette terre fertile et vierge, car on le sait, le Noir, par cela même qu'il est sobre et vit de peu, refuse de se livrer à un travail qui ne doit pas lui rapporter un bénéfice équivalent à la peine que lui couterait un effort fait pour sortir de l'indolence qui lui est si chère. En un mot, il n'y a pas pour lui de nécessité immédiate du travail. Que lui faut-il? quelques bananes, un peu de farine de manioc et l'eau du Galion. Tout cela est sans valeur. Sous le ciel enflammé des Tropiques, il n'a besoin ni de feu ni de vêtements. Un caleçon de cotonnade bleue lui suffit, et est porté jusqu'à ce qu'il tombe en lambeaux et quitte de lui-même son insouciant propriétaire.

Il a donc fallu chercher des éléments de travail en dehors de la population du pays. Depuis deux ans l'immigration asiatique s'est effectuée sur une large base. Il arrive quotidiennement de nombreux convois de *Coolies* qui vont remplacer les bras que l'abolition de l'esclavage a enlevés à la terre, car le Noir n'a compris la liberté que sous un seul point de vue, liberté c'est pour lui liberté de ne rien faire.

§ 2.

LES CARAÏBES.

Les premiers habitants de l'île de Karookera se donnaient le nom de Caraïbes ou plutôt Karahibes, de deux mots guaranhis qui signifient insulaires. * D'après une légende conservée par les anciens et les chefs, ils étaient originaires de la Grande-Terre de l'Ouest, la Côte-Ferme d'Amérique, d'où ils avaient été expulsés par une nation guerrière venue du Nord.

Le berceau de la race caraïbe paraît être la presqu'île du Yucatan et les pays avoisinant le Guatemala et les Florides. Refoulés par leurs ennemis victorieux, ils atteignirent les embouchures de l'Orénoque, après avoir laissé sur leur passage des familles qui devinrent la souche des tribus indiennes qui peuplèrent le Venezuela et la Nouvelle-Grenade. Les fugitifs passèrent dans leurs pirogues à l'île de la Marguerite et de là dans les autres Antilles. Le souvenir de la mère-patrie resta vivant dans le cœur des Caraïbes. Au dire du P. Labatte, les voyages des Indiens à la Côte-Ferme étaient encore fréquents de son temps et entretenaient d'actives communications entre les émigrés des Antilles et leurs frères demeurés sur la terre natale.

Les Caraïbes appartiennent donc à la grande famille Guarahni qui a peuplé le Honduras, le Centre-Amérique et une grande partie de l'Amérique du Sud où elle s'est divisée en trois grandes branches : La branche *Guarahni* proprement dite ; la branche des *Botocudos* provenant du mélange avec la race primitive américaine du Sud et enfin celle des *Amaguas,* nation belliqueuse, à l'esprit farouche et aventureux.

* Du Guarahni, kara ou karoo, terre, pays, montagne et hiba, eau — c. à d. île. Karahiba (insulaire), d'où Caraïbe.

Comme nous l'avons déjà dit, les Caraïbes étaient d'un naturel doux et hospitalier. Néanmoins des usages féroces et barbares se mêlaient à leurs lois sages et patriarcales. Suivant une habitude commune à leur race, ils mangeaient leurs prisonniers qu'ils faisaient rôtir sur des claies nommées *barbakoa*.

Ils pratiquaient la polygamie et cependant leurs mœurs étaient chastes. L'adultère était puni d'un châtiment atroce. Les coupables, enduits de sirop de canne, étaient attachés au tronc d'un arbre, au pied d'un nid de ces énormes fourmis carnassières à thorax noir et abdomen rouge. Les infortunés expiraient au milieu des affreuses tortures d'une mort lente et graduée. Les meurtriers étaient condamnés à une punition non moins terrible : enfermés dans une cage, placés à cheval sur une lame tranchante et exposés la tête rasée, aux rayons dévorants d'un soleil de feu, on les laissait mourir de faim et de douleur.

La religion des Caraïbes ressemblait à celle de tous les peuples primitifs. L'on y retrouve les deux principes du bien et du mal. Le dieu bon, *Tulpan*, qui a sa demeure dans le soleil qu'ils appelaient *Marakoa*, était adoré sous l'emblême de cet astre. Chaque guerrier était obligé d'aller une fois en sa vie faire une sorte de pèlerinage à la Côte-Ferme pour purifier son corps en le plongeant dans les eaux sacrées du *Marakoa-hibah*. *

Le mauvais génie, nommé *Maboohia*, recevait en offrande des sacrifices humains. On le représentait sous l'aspect du Gecko ; et maintenant encore, les créoles ont conservé cette appellation à ce saurien hideux et dégoûtant.

La langue des Caraïbes, parlée aujourd'hui encore par les naturels de la Côte-Ferme, douce, sonore et abondante en voyelles, parait avoir une grande analogie avec le polynésien.

* Mer du Soleil, aujourd'hui le lac de Maracaïbo dans le Venezuela (ancienne Colombie).

Dans le Guarahni l'on ne rencontre presque jamais deux consonnes de suite, particularité commune aux langues des insulaires des mers du Sud.

L'occupation des Caraïbes était la pêche et la chasse. Les femmes avaient en partage les travaux manuels. Elles cultivaient la terre et tressaient des nattes de *Maho* et des pagnes de coton qui servaient de vêtements. Les habitants des bords de la mer vivaient dans des *carbets* ou huttes de terre rouge, mélangée de feuilles de latanier, comme nous en avons trouvé sur les bords du Rio-Salado, entre Porto-Cabello et la Nouvelle-Valence (république de Venezuela). Les chasseurs des montagnes se construisaient des ajoupas de feuilles de balisier ou de bananier entrelacées de branchages.

Leurs vêtements étaient à la fois simples et gracieux. Les guerriers portaient autour des reins un pagne de tissu de coton bariolé. A leur cou étaient suspendus des colliers et des croissants d'un métal éclatant qu'ils appelaient *karakoli*, alliage d'or, d'argent, et probablement de platine et d'iridium.

Leurs cheveux étaient divisés par une ligne transversale; la partie antérieure était rasée; l'autre moitié nattée et entremêlée de plumes et de graines brillantes. Le signe distinctif des chefs était une plaque d'or en forme de ferronnière, retenue par un lien de maho et percée d'un chas dans lequel était passé une plume d'ara.

Leurs armes étaient la hache et les flèches. Ces haches, dont on trouve encore une grande quantité dans les localités qui ont été le théâtre de grandes luttes avec les hommes blancs, étaient faites d'un morceau de schiste porphyrique vert, très-dur et qui, par l'usure sur un bloc de grès arénacé, acquérait un tranchant acéré. La façon dont il les emmanchaient est assez curieuse pour être décrite. Ils choisissaient un jeune arbre et y faisaient une incision longitudinale, dans laquelle ils introduisaient le talon de la hache. La plaie faite à l'arbre était rapprochée aussi exactement que possible, à l'aide de ligatures serrées faites au-dessus et au-dessous ; puis l'arbre était abandonné à lui-même. Au bout d'un certain temps, l'arme était enchassée de façon à ne pouvoir être retirée. Alors l'arbre était abattu et le manche de la hache taillé convenablement.

Les Caraïbes ne faisaient pas usage du *Curare*, ce terrible poison des Guarahnis d'Amérique. Ils empoisonnaient leurs flèches avec le suc mortel du Mancenillier.

Ils avaient l'habitude de s'enduire le corps de roucou délayé dans l'huile de coco. Le roucou était à la fois un préservatif contre les piqures des insectes et une parure de guerre destinée à effrayer l'ennemi. Il y avait dans la langue deux termes pour désigner le roucou, l'un pour les hommes, l'autre pour les femmes. Cette substance était nommée *Bisthee* par les premiers et *Ematabi* par les dernières.

Les Caraïbes allaient à la pêche soit dans leurs pirogues, soit sur des radeaux tout à fait identiques aux Catimarans malais. Les pirogues faites comme aujourd'hui d'un tronc de gommier, creusé à l'aide du feu, se manœuvraient à la pagaye. Les radeaux formés de tronc de bambous, assemblés et retenus par des liens, sont encore en usage parmi les nègres pêcheurs de la Grande-Terre, près de l'Anse-Bertrand.

Dispersés, traqués sans relâche, les Caraïbes périrent de faim, de fatigue et de misère. Le petit nombre qui survécut se retira au vent de l'île, et aujourd'hui l'on trouve, dans le canton appelé les Fonds-Caraïbes, les derniers débris des anciens habitants de l'île de Karookera.

CHAPITRE II.

§ 1er.

CLIMAT.

Peu de localités à la surface du globe sont dans des conditions aussi défavorables que la Guadeloupe et surtout la Grande-Terre, sous le rapport du climat. Le beau ciel des Antilles et de la Zône-Torride semble faire ici une triste exception. Ainsi à la Pointe-à-Pitre le ciel est presque constamment nuageux; il y règne une chaleur humide qui influe non seulement sur les Européens, mais encore sur les créoles. L'hivernage commence de bonne heure et finit tard. Que de fois, à l'aspect du ciel sombre et gris de la Grande-Terre, ne nous croyons nous pas transportés sur les côtes embrumées de la Bretagne!

TEMPÉRATURE.

Les mois les plus chauds de l'année, qui sont la saison des épidémies, sont les mois de juillet, août, septembre et octobre. L'hivernage officiel commence le 15 juillet et finit le 15 octobre. La saison la plus agréable a lieu depuis décembre jusqu'au commencement de juin.

La température maxima-moyenne de l'hivernage varie de 32° à 35° cent., et minima-moyenne de 20° à 22° cent. en janvier. Elle est donc, quoiqu'on ait dit, inférieure à celle de Saint-Domingue, où, pendant l'hivernage de 1853, nous avons eu à subir une température qui le 14 août s'éleva à 46° cent. à l'ombre, à bord du brig de 1er rang, le *Méléagre,* en rade de Port-au-Prince. A terre, ce même jour, Mr M. Raybaud, consul général de France, observa 48° à l'ombre. En revanche, à la Grande-Terre, le rayonnement nocturne étant moins prononcé, la température des nuits s'abaisse beaucoup moins, ce qui explique la rareté de la dyssenterie à la Guadeloupe, comparativement aux autres pays tropicaux. Il arrive même que quelquefois le thermomètre ne varie pas sensiblement la nuit.

BAROMÈTRE.

Si ce n'est à l'approche des coups de vent, le baromètre varie peu. Lors des tremblements de terre, on remarque une oscillation dans la colonne barométrique. La dépression est beaucoup plus marquée qu'en France. Lors du coup de vent du 29 août 1855, elle descendit jusqu'à $0^{m}72$.

UDOMÈTRE.

La quantité de pluie tombée est considérable. Peu de ciels sont aussi pluvieux. Ainsi, d'après les observations recueillies par le pharmacien de l'hôpital maritime de la Pointe-à-Pitre, en décembre 1855, sur 31 jours, il y a eu 22 jours de pluie. Au lieu d'être comme dans les autres Antilles, marqué par des pluies continues, l'hivernage ne se manifeste souvent que par une recrudescence de chaleur, car l'on peut dire qu'il n'y a aucun mois de l'année pendant lequel il n'y ait des pluies de longue durée. Au camp Jacob et au Matouba, le beau temps est une exception rare. La plus grande humidité ne cesse de régner toute l'année.

COUPS DE VENT.

L'hivernage est l'époque des coups de vent. A ce moment, les navires mouillés en rade de la Basse-Terre, du Grand-Bourg de Marie-Galante et du Moule, doivent quitter le mouillage et venir à la Pointe-à-Pitre, dont la rade, une des plus belles du monde, est entièrement fermée. Deux coups de vent sont surtout remarquables. Celui de 1827, qui détruisit une partie de la Basse-Terre et celui du 29 août 1855, qui fit remonter la mer jusque dans les rues de la Pointe-à-Pitre et déracina les arbres les plus forts.

En général, aux Antilles, les ouragans sont les signes précurseurs d'une exacerbation terrible des épidémies, surtout de la fièvre jaune. L'on a remarqué que parmi les malades atteints de fièvre jaune pendant le coup de vent, les 3/4 périssaient dans la nuit suivante. Ce fait s'est présenté à la Pointe-à-Pitre dans la nuit du 30 au 31 août 1855.

BRISES DE TERRE-BRISES DU LARGE.

Le long des côtes, à la Guadeloupe ainsi qu'aux autres Antilles, il règne le long de terre une brise locale très-favorable aux goëlettes des caboteurs. Le coucher du soleil est ordinairement suivi de quelques heures de calme plat ; puis la brise de terre s'établit et dure jusqu'au matin.

La brise du large varie de l'E. S. E. à l'E. N. E. Ce sont les vents alisés. Leur direction change du mois de janvier au mois de juin ; ils anordissent et passent de l'E. à l'E. N. E. Pendant l'hivernage, ils halent le S. et passent de l'E. à l'E. S. E. Il arrive même qu'après un violent orage ils virent pendant quelques instants du S. au S. 1/4 S. O., comme cela a lieu sous le vent de l'île, depuis la Basse-Terre jusqu'à l'ilet à Kahouane.

GÉOLOGIE ET MINÉRALOGIE.

§ II.

ORIGINE ET FORMATION.

La Guadeloupe comprend deux îles distinctes, séparées par un bras de mer de peu d'étendue nommé la Rivière-Salée. La première, c'est-à-dire celle qui est le plus au vent, est la Grande-Terre; l'autre, la Basse-Terre ou Guadeloupe proprement dite.

La Grande-Terre nous semble d'une formation bien postérieure à celle de la Guadeloupe. En effet, elle n'est constituée que par des fondements madréporiques sur lesquels se sont déposées des alluvions que l'on doit rattacher aux alluvions modernes.

Ce qui concourt à le prouver, c'est l'absence de tout cours d'eau produit par une source et de toute espèce de saillie qui puisse mériter le nom de montagne. Enfin, sur certains points, en particulier à la Grand'Baie, sous le fort Fleur-d'Épée, les bancs de coraux, gagnant chaque jour, se recouvrent de sable dans lequel viennent s'implanter des mangles et des palétuviers continuant, s'il est permis de s'exprimer ainsi, la texture inachevée de l'île toute entière. Ce mode de formation moderne est encore plus marqué au pied des mornes qui ferment l'entrée de la rade de Gustavia, capitale de l'île suédoise, de Saint-Barthélemy.

Lors des tremblements de terre, fléau si terrible et si fréquent à la Guadeloupe, les secousses ondulatoires, très-fortes dans toute la Grande-Terre et surtout à la Pointe-à-Pitre, ville bâtie sur les alluvions les plus récentes, sont faiblement ressenties dans l'autre moitié de l'île et même à la Basse-Terre, ville située au pied même du volcan de la Soufrière. Nous dirons, comme explication de ce phénomène, que nous considérons la Soufrière comme la soupape de sûreté, destinée à protéger la Basse-Terre contre les secousses volcaniques. De plus, bien que de formation moderne, la Grande-Terre repose sur un noyau central d'origine plutonique, sans issue au dehors, sur lequel se sont accumulées des générations centenaires de coraux et de madrépores.

C'est donc par hypothèse, sur cette base qu'il faut admettre que se concentrent toutes les actions des feux souterrains, qui, à une époque que l'on peut juger antérieure aux alluvions anciennes, a produit le soulèvement des Petites-Antilles, par exhaussement volcanique, ou peut-être plutôt par la submersion des terres intermédiaires, comme on s'en assure en jetant un coup-d'œil sur la carte et surtout par l'inspection attentive de la chaîne des Iles-du-Vent et de la côte orientale de l'Amérique méridionale, connue sous le nom de Côte-Ferme. L'analogie en est frappante. Les mornes des côtes de Venezuela ressemblent trait pour trait à ceux de la Guadeloupe, Montserrat et St-Christophe. Les rades sont dans le même cas. Quoi de plus identique que l'aspect des deux rades de Puerto-Cabello et de la Pointe-à-Pitre, et de cette dernière avec celle de Carthagène-des-Indes. Les mornes de sable qui garnissent le pourtour de la rade des Saintes, se retrouvent dans celle de Santa-Martha (Nouvelle-Grenade). Même forme circulaire, mêmes grès amphiboliques, même formation dévonienne.

Il est donc plus simple de supposer que par suite de l'action d'une même cause la mer des Antilles s'est formée par l'affaissement et la submersion des terrains qui autrefois reliaient la Jamaïque, Cuba, Hayti, Puerto-Rico et les Petites-Antilles au continent américain.

Nous chercherons l'âge relatif de la Guadeloupe dans les roches et minéraux qui constituent le sol de l'île.

Les montagnes ou mornes sont très-abondantes et très-élevées dans la Guadeloupe proprement dite. Comme nous l'avons dit plus haut, la Grande-Terre est un pays plat.

Le point culminant de la chaîne est la Soufrière.

§ III.

DE LA SOUFRIÈRE.

Le volcan dit la Soufrière, est, suivant les observations de M. Loher, chirurgien de la marine, chargé de la convalescence du camp Jacob, élevé de 1720^{m} au-dessus du niveau de la mer. Il a la forme d'un tronc de cône, surmonté de trois petits mamelons. Il est rarement dégagé des nuages qui le couronnent habituellement. Quelques fumarolles indiquent seules que le volcan n'est qu'endormi et encore ne sont-elles visibles que lorsque le ciel est très-pur.

Lorsque les fumarolles sont supprimées et qu'en outre l'atmosphère est embrumée et chargée de petits nuages pommelés, c'est en général le signal de tremblement de terre.

Quant à leur composition, elle m'a semblé varier. Les unes paraissent composées de vapeur d'eau saturée d'acide chlorhydrique qui, se liquéfiant à la basse température de ces régions élevées, forme des sortes de rigoles qui à leur passage attaquent et réduisent en bouillie les roches calcaires qu'elles rencontrent.

Les autres sont constituées par des exhalations de gaz acide sulfureux mélangé aussi de vapeur d'eau. L'acide sulfureux saturé d'eau étant peu stable, ne tarde pas à passer à l'état d'acide sulfurique, et le même phénomène n'a lieu que pour les fumarolles d'acide chlorhydrique.

Les émanations sulfureuses ont imprégné l'atmosphère de

l'île. Au camp Jacob, les objets de cuivre, d'argent ou d'or sont rapidement noircis, même par leur séjour dans un lieu renfermé. A la Basse-Terre et jusqu'à la Pointe-à-Pitre, la même chose a lieu quoique d'une façon moins marquée.

La Soufrière n'est, s'il est permis de s'exprimer ainsi, qu'un des maillons de cette chaîne formée par le soulèvement des montagnes des Antilles qui, passant par la Trinidad, Sainte-Lucie, la Martinique, la Dominique, la Guadeloupe, etc., va par Montserrat, Saint-Christophe, Porto-Rico, Hayti et Cuba rejoindre la grande chaîne des Alleghanies.

Cette chaîne, dirigée pour la Guadeloupe N. 3° O., appartient à cette grande époque du système des Ballons, intermédiaire à celui de Hundsrück et à celui du N. de l'Angleterre.

Constitué par les dépôts Dévoniens qui se sont soulevés, ce système se manifeste à la fois par la direction de la crête des îles et par la nature des grès et poudingues que l'on y rencontre.

Les dépôts que l'on y trouve concurremment avec ceux propres au terrain Dévonien, sont formés en grande partie par les minéraux des époques du Trias et du Lias. Les terrains crétacés proprement dits, y sont plus rares.

Les roches principales qui composent les mornes et les terrains non d'alluvion, sont en général des grès micacés dans lesquels se rencontrent des infiltrations amphiboliques et pyroxéniques.

Nous donnons ici pour mémoire, les noms et les caractères les plus saillants de quelques-uns de ces minéraux. Ils pourront, nous l'espérons, donner une idée assez tranchée des couches que nous étudions.

A. Silicates de fer hydraté. — *B*. Grès roses à texture grenue donnant au chalumeau des indices de fer oxidé. — *C*. Roche porphyrique, brun, rougeâtre, contenant dans la pâte des cristaux de quartz et de mica noir. — *D.* Grès micacé à pâte grise, contenant des lamelles de mica vert-bouteille. — *E.* Limonite ou fer hydraté aluminifère, en partie soluble dans l'acide azotique concentré, donnant alors un précipité abondant par le cyano-ferrure de potassium. — *F.* Argile grossière, sorte de terre à foulon, mélangée de sable quartzeux, feldspath et limonite, de couleur gris ardoisée, donnant par les réactifs les caractères des éléments constitutifs de ces minéraux. — *G.* Grès arénacé, sorte de poudingue que nous croyons devoir rattacher au système du Trias, contenant quelques parcelles de mica, de sable quartzeux ferrugineux, à structure grossière, mélangé de grès rose.

Au voisinage de la Soufrière et du Houelmont, disséminés à la surface de ces pitons qui sont échelonnés entre les deux montagnes, se rencontrent de nombreux gisemens de fer chrômé en poudre, autrement dit sidérochrome. Ces gisemens se prolongent même jusqu'à la mer près de la Capesterre et ne sont utilisés dans le pays que pour faire sécher l'écriture. Nous croyons qu'il serait possible de tirer un parti avantageux de ce minerai pour la fabrication du chrômate de potasse, opération de la plus grande facilité et dont les frais seraient presque nuls.

Comme nous l'avons dit plus haut, les vapeurs acides ayant réagi sur les roches calcaires, les ont transformées en gypse ou sulfate de chaux. Nous en possédons un très-bel échantillon dans lequel sont incrustés de nombreux cristaux de pyrite martiale ou fer cristallisé cubique.

Les dépôts de chaux sulfatée ne se sont pas encore rencontrés à l'état de gypse fer de lance ou d'albâtre, mais toujours à l'état de karsténite et de sélénite à texture grenue.

Nous terminerons ce paragraphe en disant quelques mots des magnifiques gisemens de soufre natif cristallisé, qui bordent et garnissent le pourtour du cratère. Tantôt il est pur et parfaitement transparent, tantôt il est mélangé de matières argileuses dont il serait aisé de le débarrasser par la distillation. Malheureusement la difficulté presque insurmontable de l'ascension du volcan a rendu jusqu'àprésent impossible l'exploitation de ces richesses minéralogiques. De plus, les éboulements répétés, les fissures dont est criblé le cône du volcan, le changement de forme du cratère à chaque secousse de tremblement de terre, ne permettent guère d'espérer que l'on n'ose jamais en tenter avantageusement l'entreprise.

§ IV.

SOURCES ET COURS D'EAU.

Les cours d'eau de la Guadeloupe ont le plus grand rapport avec les gaves des Pyrénées. Pendant l'hivernage les pluies torrentielles qui ne cessent de tomber, leur font subir une crue si forte et surtout si subite que le lit n'étant plus assez grand pour les contenir, par suite de l'encaissement des rives, une véritable avalanche d'eau tombe du haut des mornes avec un fracas horrible qui, de loin, ressemble aux beuglements de plusieurs taureaux. Alors, malheur à l'imprudent qui est venu demander aux eaux de la rivière, un de ces délassements à la fois si hygiéniques et si charmants sous le ciel de feu des tropiques, le bain qui fait accourir aux bords escarpés et sauvages des torrents, des bandes joyeuses de jeunes filles de couleur, de graves sociétés de créoles-habitants et des troupes de Noirs, après le travail de la journée. Les eaux furieuses entraînent tout sur leur passage et vont tracer dans la mer, jusqu'à deux milles et même plus de distance des côtes, un sillon écumant et bourbeux.

Ces rivières sont utilisées partout où c'est possible. Elles font tourner les moulins à cannes et, divisées en rigoles, vont porter dans les champs cette eau bienfaisante dont le ciel est si avare sous ces chaudes latitudes.

Le Galion, un des cours d'eau les plus importants, se jette à la mer dans la rade de la Basse-Terre; il est très-encaissé; ses eaux sont excellentes, fraiches et claires. Sur le Galion est jeté un pont, œuvre hardie et gracieuse qui continue la route de Dôllé.

Sous le vent de la Basse-Terre coule la rivière des Pères, qui, à son embouchure s'élargit et forme une sorte de petite crique, nommée l'Anse-à-la-Barque, où vont se réfugier les goëlettes des caboteurs surprises par les coups de vent et les raz de marée si fréquents dans cette rade mal abritée. De la Soufrière descendent deux torrents, la Rivière-Rouge et la Rivière-Noire, ainsi nommées de la couleur des rochers qui en forment le lit. Sur la première est jeté le pont de Nozières, chef-d'œuvre d'élégance et presque de témérité. A leur source ces deux cours d'eau forment des bassins, que la main des hommes a agrandis et disposés, qui sont le rendez-vous des créoles émigrés au Matouba pendant l'hivernage.

Les seules eaux thermales de l'île se trouvent à un petit village nommé Dollé. L'on voit sourdre du rocher deux énormes masses d'eau, l'une glacée, l'autre située à deux mètres à peine dont la température est de 56° cent. — On y envoie les convalescents d'affections rhumatismales. Je ne sache pas que l'analyse de ces sources ait été faite.

Avant d'arriver à la Capesterre, l'on aperçoit du large le fertile canton des Trois-Rivières où se trouve une cascade formée par les eaux d'un de ces affluents qui d'une falaise à pic se jette dans le canal des Saintes, près de l'entrée de l'immense baie de la Pointe-à-Pitre.

Nous ne citerons que pour mémoire la jolie rivière de Sainte-Rose, baignant le joli village du même nom, qui s'élève au fond d'une rade, rendue dangereuse par ses bancs et ses brisants, mais qui rappelle tout à fait les plus beaux sites de la côte de Portugal et d'Espagne, depuis le cap Trafalgar jusqu'à Cadix.

La Grande-Terre, comme nous l'avons dit plus haut, manque d'eau. Dans les années de grande sécheresse, la ville de la Pointe-à-Pitre a beaucoup à souffrir de la privation de l'élément qui après l'air est le plus indispensable à l'homme.

Près du fort Fleur-d'Épée, à la partie de la Grand'Baie qui s'avance le plus dans la terre, l'on trouve une mare dont l'eau ne se corrompt jamais et qui sert aux habitants du pays de lieu de réunion pour prendre des bains d'eau douce.

La seule ressource du pays consiste dans les citernes. La principale, à laquelle les nombreux navires qui garnissent la rade de la Pointe-à-Pitre vont faire leur eau, se trouve à un endroit nommé le *Darboucier*, non loin de la presqu'île du Gozier.

CHAPITRE III.

BOTANIQUE.

§ I.

Notre intention n'est pas de donner ici une description suivie et détaillée de la Flore de la Guadeloupe qui du reste est la même que celle des autres Antilles, et a été traitée dans un savant ouvrage. Nous nous bornerons à une énumération succincte des caractères et des propriétés, tant physiques que médicales et alimentaires les plus saillantes des végétaux les plus connus et les plus usités.

COCOTIER.

Grand et bel arbre de la famille des palmiers (Nux Indica de Sloane). Les Caraïbes le nommaient *Guacuhiba* (du Guarahni *Guacu*, arbre, et *hiba*, eau, parce qu'il croît au bord de l'eau). Le cocotier tend à disparaître de la Guadeloupe. A la Grande-Terre où, il y a quelques années, il couvrait les environs et les ilets de la rade de la Pointe-à-Pitre, depuis le tremblement de terre, on n'en rencontre plus que de loin en loin quelques bouquets disséminés. Quoiqu'on ait dit de la prétendue utilité de cet arbre, maintenant que la civilisation s'est étendue dans toute l'île, ses usages sont fort restreints. Mais là où la nature est vierge, où l'eau est rare, dans les llanos des Cordillières des Andes, aux heures brûlantes du jour, notre bouche aride trouvait délicieuse l'eau de végétation contenue dans le fruit, le lait de coco, liquide partout ailleurs fade et douceâtre.

BANANIER.

Musa Paradisiaca de Linn., de la famille des Musacées. Suivant certains auteurs, serait la transition entre les plantes herbacées et les végétaux à tige ligneuse. Très répandu à la Guadeloupe, offre deux variétés bien distinctes : La grosse ou *banane à cochons*, et la petite ou *figue banane*. La première, la plus commune, est la nourriture presque exclusive de la classe noire. On ne la mange que cuite avec de l'eau et du sel ; constitue alors un aliment sain et de facile digestion. La seconde espèce est inférieure de beaucoup à celle qui croît à la Martinique. En général, la figue banane est d'autant plus délicate qu'elle est plus petite.

Le bananier affectionne les terrains humides et même marécageux. C'est avec le manioc la plus grande ressource qu'offre la végétation de l'île. Il n'a besoin d'aucune culture, mais il ne produit qu'une fois. La tige se déssèche après avoir donné ses fruits, et un autre œil de la même racine, sorte de caïeu, donne naissance à un bourgeon qui, sous la forme d'un cône jaune-verdâtre, sort de terre, et en huit à neuf mois a acquis toute sa croissance.

ROUCOU.

Mitellia tinctoria de Tournefort. En Caraïbe *ématabi* ou *bishee*. Grand et bel arbre de la famille des Tiliacées.

La seule partie du végétal qui soit employée, est le fruit donnant une belle couleur rouge-brun, autrefois fort usitée par les Caraïbes. Le roucouyer réussit parfaitement à la Guadeloupe. Depuis quelques années sa culture a pris de grandes proportions. Les terrains avoisinant le Matouba sont aujourd'hui couverts de roucouyers qui donnent de très-beaux résultats.

Suivant les Caraïbes, le roucou serait un contre-poison infaillible du suc laiteux du manioc.

PALMISTE.

Palma altissima de Sloane. Areca oleracea de Linn. Bel arbre de la famille des palmiers. Le palmiste affectionne les endroits où il peut trouver de l'humidite et de la fraicheur. Son tronc formé d'une couche ligneuse peu épaisse, contenant une grande quantité de moëlle, est sans usage. La seule partie du végétal qui soit employée, est le bouquet de feuilles terminales qui porte le nom de chou palmiste et qui est un mets très-recherché. Lorsqu'on l'a abattu, il se développe au cœur de l'arbre de grosses larves blanches, nommées vers palmistes, que les créoles regardent comme un manger délicieux.

BALISIER.

Canna indica de Linn. *Korooali* en Caraïbe. Cette plante ressemble extérieurement au bananier. Mais par une observation moins superficielle, on reconnait qu'elle s'en distingue par ses fleurs rouges terminales, en épi, ayant une étamine et un pistil, auquel succède une capsule ovale à trois loges. Ses fruits sont de petites graines rouge brun, d'un goût amer, dont se nourrissent les ramiers, ce qui communique ce même goût à la chair de ces oiseaux. La racine du balisier passe parmi les nègres pour jouir de propriétés détersives et diurétiques.

MANGLES.

Conocarpus de Linn., famille des Rhizophorées. *Guaparahiba* en Caraïbe, c'est-à-dire arbre de la grande eau (la mer), ainsi nommé parce qu'il garnit les bords des rades et des côtes.

On en connaît deux variétes distinctes. Le mangle blanc (conocarpus procumbens de Linn.) et le gris (conocarpus erecta). La seconde espèce ne paraît pas bien distincte du palétuvier.

Les mangles comme les palétuviers sont des arbrisseaux sans usage qui croissent dans les terrains marécageux et inondés sur le bord de la mer. Leur présence sert de balise dans certaines rades pour déceler la présence d'un banc.

Le bois de mangle est tendre et sans consistance. Les racines adventives servent d'insertions à une variété de petites huitres très délicates, nommées huîtres de mangle ; elles y déposent une couche calcaire où elles se développent sur les parties du végétal en contact avec l'eau de mer.

PALÉTUVIER.

Le palétuvier est par excellence la plante des marigots ou marécages et des bas fonds. On en compte quatre variétés. P. rouge. P. jaune. P. violet. P. montagne. Les variétés rouge et violette contiennent dans leur racine et dans leur écorce une matière colorante que l'on peut extraire par l'ébullition. On y trouve de plus conjointement avec les autres variétés une énorme quantité de tannin qui pourrait être avantageusement utilisée. Cette propriété bien connue des nègres, en a fait un remède populaire contre la dysenterie. Le palétuvier-montagne, usité comme fébrifuge, contient outre le tannin et les matières extractives un alcaloïde différent de l'émétine et de la kramerine.

Un de ces hommes, dont la courageuse persévérance et le zèle pour le bien d'un pays ne sont arrêtés par aucun obstacle, M. Grellet-Balguerie, magistrat distingué de la Guadeloupe, m'ayant remis plusieurs écorces pour en faire l'analyse et m'ayant particulièrement désigné le palétuvier-montagne, comme devant contenir un alcaloïde auquel il devait ses propriétés fébrifuges bien reconnues, j'en ai extrait une base organique, salifiable par les acides sulfurique, chlorhydrique et azotique. Voici à l'aide de quel procédé :

L'écorce ayant été finement concassée, a été mise à digérer dans un ballon de verre pendant plusieurs jours avec de l'eau aiguisée d'acide sulfurique faible, puis soumise à une ébullition de quelques heures. La liqueur ayant été filtrée à chaud, on y ajoute de la gélatine pour précipiter le tannin. La gomme et les matières extractives sont séparées avec l'acétate de plomb. On fait passer dans le liquide un courant d'acide sulfhydrique pour chasser l'excédant de plomb. On filtre de nouveau. La liqueur est presque incolore et présente seulement une teinte orangée. On y verse peu à peu du carbonate d'ammoniaque. Il se forme alors un précipité cailleboté abondant, jaune-clair, qui est l'alcaloïde. Cet alcaloïde, recueilli sur le filtre, puis séché, est pulvérulent, insoluble dans l'eau et l'alcool, un peu soluble dans l'éther; presque insipide, laissant seulement à la langue une légère sensation d'acreté et d'amertume; s'unit aisément aux acides forme alors des sels cristallisant en aiguilles. J'ai cru devoir donner à cet alcaloïde le nom de *Montanine,* lequel rappelle le végétal d'où il est extrait.

QUINQUINA CARAÏBE.

Usité avant la découverte de l'île par les indigènes pour combattre les fièvres de la Grande-Terre, le quinquina caraïbe est un bel arbre de la famille des quassia. Son écorce, douée d'une amertume insupportable, est rouge en dedans, grise au dehors, rugueuse, crevassée, très-difficile à concasser.

Par le même procédé que celui que j'ai employé pour le palétuvier, en supprimant toutefois la gélatine, la quantité de tannin nétant pas assez considérable pour en nécessiter l'emploi, j'y ai reconnu la présence d'un alcaloïde entrevu par Vauquelin, qui mourut avant de terminer ses expériences chimiques sur les végétaux des tropiqnes.

Cet alcaloïde, dont j'avais fait la préparation à la demande de M. Grellet-Balguerie, a été nommé par lui *Caribéine*. Une petite quantité de ces deux principes amers a été admise à l'exposition universelle de Paris, au nombre des produits des Antilles.

La caribéine diffère de la montanine en ce que les sels qu'elle forme sont beaucoup moins solubles et qu'elle ne s'unit pas à l'acide acétique. Du reste, elles se ressemblent par un point commun : elles deviennent bleu-violet par la potasse, la soude et l'ammoniaque. Cette couleur disparaît par l'addition de quelques gouttes d'acide.

CANNE A SUCRE.

Arundo saccharifera de Sloane. Calamus saccharinus de Tabernœmius. En Caraïbe *Kanishee*. De la famille des Graminées.

Nous dirons peu de mots sur la canne à sucre, sa culture et le mode d'extraction du sucre ne différant pas sensiblement à la Guadeloupe des procédés usités dans les autres Antilles.

La canne se plante par tiges, c'est-à-dire on coupe la tige par tronçons à égale distance des nœuds. L'on trace un sillon au cordeau, puis l'on enfonce en terre chaque tronçon de canne. De chaque nœud ne tardent pas à pousser des bourgeons d'abord, puis des feuilles. L'on reconnait qu'elle est parvenue à sa maturité lorsqu'elle est jaune avec des teintes rougeâtres, et que les feuilles commencent à se flétrir et se dessécher. On coupe alors les cannes, puis on les *roule*, c'est-à-dire on les écrase au moulin. Le jus qui en découle se nomme *vesou*. Le résidu ou *bagasse* est étendu sous de vastes hangars, remué fréquemment pour en hâter la dessication et sert à la cuisson du sirop. Le jus est mélangé avec de la chaux et amené à l'ébullition. On le décante et on le transvase dans d'autres chaudières où il se concentre et est amené à l'état de sirop de batterie. On le purifie, puis on le soumet à une nouvelle évaporation qui le fait passer à l'état de sucre terré, sous lequel il est expédié en Europe.

Il faut avoir grand soin de mettre un excédant d'alcali, car la moindre quantité d'acide suffit pour empêcher le sucre de cristalliser.

Dans ces derniers temps, M. Balguerie a importé à la colonie une sorte de canne à sucre, l'*Imphy*, ou roseau sucré des Cafres. Ce végétal acquiert avec une rapidité surprenante, en quelques semaines, tout son développement, ce qui permet de faire trois récoltes par an. Les essais ont été couronnés du plus brillant résultat; tout fait espérer que la culture de l'imphy se popularisera à la Guadeloupe et que le plus brillant avenir lui est réservé.

CAFÉ.

Coffæa arabica Linn. Le café réussit très-bien à la Guadeloupe, surtout dans les cantons des Vieux-Habitants et du Matouba. Cependant il n'y a guère que les petits propriétaires qui se livrent à cette culture. Le café de la Guadeloupe est plus estimé que celui de la Grande-Terre. Cela tient à ce que ce végétal affectionne les côtes bien exposées et redoute le voisinage des marigots.

MANIOC.

Jatropha Manihot. En Caraïbe *Juka*. Plante herbacée, de la famille des Solanées, ressemblant extérieurement à la pomme de terre, formant la principale nourriture de la population créole. La racine ayant été recueillie, puis lavée, on la *grage*, c'est-à-dire on la râpe, puis on l'introduit dans des sacs de toile que l'on soumet à une forte pression. Il en découle un suc laiteux qui est un poison très-actif. Le résidu est recueilli, étendu sur des plaques de tôle et soumis à une légère cuisson qui le racornit et le met en grumeaux analogues à de la sciure de bois mouillée. La farine de manioc, délayée avec de l'eau, puis cuite, sert à faire des galettes très-dures, insipides, nommées *cassaves*. Le suc laiteux ayant été mis à reposer dans des vases à fond large, laisse déposer une poudre blanche nommée *moussache*, sorte d'amidon analogue à la plus fine fleur de froment.

MANCENILLIER.

Hippomane foliis ovatis de Sloane, de la famille des tithymaloïdes. Hippomane mancinella de Linn. En caraïbe *Amooguacu* (littéralement arbre de mort). On en distingue trois variétés : H. pirifacie; H. aquifoliatus; H. laurifoliatus.

Cet arbre croît dans les marigots avec les mangles et les palétuviers. Le suc, poison corrosif des plus actifs, répandu dans toutes les parties du végétal, servait aux Caraïbes à empoisonner leurs flèches de guerre. Quoique l'on ait traité de fables ce que l'on a raconté au sujet de ce végétal, il n'en est pas moins vrai que, tout en faisant la part d'une exagération bien pardonnable du reste, c'est peut-être le plus dangereux des corps organisés du règne végétal. La rosée qui a séjourné sur les feuilles, le contact de ces feuilles suffisent pour déterminer sur la peau de larges escharres accompagnées d'une douleur atroce et laissant des cicatrices indélébiles. Les accidents qu'il produit sont fréquents à cause de la ressemblance qu'il a avec le poirier ou le laurier. Les chiens de chasse venus d'Europe, se font souvent de cruelles blessures en passant dans les halliers où abondent les mancenilliers. Une goutte du suc laiteux, déposée sur la conjonctive, suffit pour leur faire perdre la vue. Le seul remède connu contre les plaies produites par cet arbre si terrible, est l'eau de mer appliquée immédiatement.

COTON.

La culture du coton est encore à la colonie dans un état que je pourrais appeler rudimentaire. Les semis de coton Géorgie et de coton longue soie ont donné entre les mains de M. Balguerie des résultats qui ont dépassé toutes les espérances. Les côtes incultes des Saintes se couvrent tous les jours de semis de coton qui sur les marchés rivaliseront avec les plus beaux produits des États-Unis.

RACINES FÉCULENTES. FRUITS.

Les racines féculentes de la Guadeloupe sont les mêmes que celles des autres Antilles. La madère, l'igname, la patate douce, la cousse-couche, sont les principales. Quant aux fruits, nous citerons les plus communs :

ANANAS.

Bromelia ananas Linn. Ananas esculentus de Tournefort, de la famille des broméliacées; en caraïbe *Yayouyia*. L'ananas réussit très-bien à la Guadeloupe. Il passe pour déterminer la dyssenterie ; aussi corrige-t-on la crudité de sa chair en le mangeant avec du rhum et du sucre.

AVOCAT.

Pulsifera Persæa, de la famille des rosacées ; en caraïbe *Palta*. Fruit piriforme, contenant une pulpe verte d'un goût fade, rappelant celui du beurre et de la noisette : peu estimé des Européens. Au centre du fruit est un noyau volumineux, recouvert seulement d'une enveloppe corticale : il passe pour jouir de propriétés toxiques très-marquées.

La goyave ou pomme gouyave : c'est un fruit très-sain, un peu fade, astringent qui, dans la médecine du pays, est usité contre la dyssenterie.

Nous ne citerons que pour mémoire les pommes d'acajou, pommes-roses, pommes de cythère, pommes-canelle, prunes de Chili, les sapotilles, les papayes et les barbadines.

ZOOLOGIE.

§ II.

Les animaux domestiques ont été importés d'Europe. Ils y réussissent peu ; cependant les chevaux créoles, quoique de petite taille, sont vifs, légers et durs à la fatigue. Les bœufs destinés à la consommation, sont importés de Porto-Rico; la chair des bœufs nés dans le pays est coriace, maigre et peu succulente. Les chiens venus d'Europe, perdent leur odorat et souvent leur poil.

Les animaux sauvages ne sont qu'au nombre de deux, l'agouti et le rackoon.

L'AGOUTI.

Cuniculus caudatus de Brisson. Mus sylvestris americanus de Ray. — Cavia aguti de Linn., de la famille des Rongeurs, genre des Acléidiens.

Petit mammifère de la taille d'un petit lièvre, autrefois très-abondant à la Guadeloupe, mais devenant plus rare de jour en jour. Sa fourrure est peu épaisse, de couleur brune foncée. Il a le museau alongé, les oreilles droites, ouvertes, deux incisives à la machoire supérieure, et deux autres à l'inférieur, quatre doigts aux membres antérieurs et trois aux membres postérieurs. Sa chair est un manger délicat dont le goût rappelle celui du lièvre Les Noirs lui font une guerre acharnée.

LE RACKOON.

Meles americanus (Ray), famille des Carnassiers-Plantigrades, genre ursus, var. meles ou blaireau.

Le rackoon n'est pas un animal indigène; il a été dit-on importé par un navire américain naufragé, qui en possédait un couple à bord. Le rackoon s'est beaucoup multiplié. Il est de la taille d'un épagneul ; sa démarche est lourde à cause de ses membres qui se meuvent latéralement, mode de progression commun aux mammifères du genre ursus.

La chair de cet animal a un fumet qui la rend détestable même pour les nègres.

OISEAUX.

La classe des oiseaux est peu variée dans l'île. Au dire des vieillards, il existait autrefois une grande quantité de perroquets. Ils ont complétement disparu dans les Petites-Antilles, et ce n'est qu'à Porto-Rico que l'on trouve une petite perruche verte à collier rose. Les seuls oiseaux sont les ramiers, quelques variétés de turdus et les colibris ou oiseaux mouches.

POISSONS.

Rien de plus varié que le nombre des espèces de poissons de la mer des Antilles. Nous ne parlerons que de la Carangue et de la Vieille.

La carangue (genre des acanthopterygiens subbranchiens) atteint quelquefois plus d'un mètre de longueur. Sa chair est blanche, délicate et d'un goût rappelant celui du brochet. Ce poisson, qui sur les côtes de Saint-Domingue peut-être mangé impunément, donne lieu à la Guadeloupe à un empoisonnement analogue à celui que produit l'ingestion des moules.

La vieille, poisson plat, de la famille des balistes, nous offre un exemple du contraire : A Saint-Domingue il est rejeté par les habitants avec une sorte d'horreur à cause de ses propriétés toxiques. A la Guadeloupe, la vieille est un poisson recherché. Cependant il ne faut pas s'y fier aveuglément. J'ai vu à la Basse-Terre un cas d'empoisonnement chez un mulâtre qui succomba en vingt-quatre heures. Son corps était tellement tuméfié, que l'enveloppe cutanée était sillonnée de ruptures nombreuses : dans les intervalles des rhagades, elle était recouverte d'élevures analogues à celles que produit l'urticaire. La soif était ardente; la langue rouge, pendante en dehors de la cavité buccale; le pouls dur, précipité : il n'y eut ni vomissements, ni évacuations alvines.

REPTILES.

Sous le rapport des reptiles, ce fléau si terrible des autres Antilles, la Guadeloupe est une terre privilégiée. L'on n'y trouve ni les trigonocéphales, si abondants à la Martinique, ni les énormes batraciens de la Dominique et de Sainte-Lucie.

De jolis sauriens nommés *Anolis*, dont le corps est diapré d'azur, d'or et de rouge éclatant, sont presque les seuls représentants de cette classe.

On dit qu'à l'époque de la domination anglaise les nouveaux maîtres de l'île tentèrent dans un but infâme d'y acclimater les ophidiens de la Martinique, qu'ils y répandirent en grande quantité. Ces essais, par une sorte de protection providentielle, n'eurent aucun résultat.

Les nègres prétendent avec quelque apparence de raison qu'il y a à la Guadeloupe une herbe qui tue les serpents, ce qui aurait déjoué les tentatives qui auraient été faites.

MOLLUSQUES ET ZOOPHYTES.

Ces deux classes ne présentent rien de particulier qui mérite d'être mentionné. Disons cependant en passant que c'est à la Guadeloupe, non loin de la Baie-Mahaut, qu'a été trouvé le seul individu que possèdent les conchyliologistes, le célèbre *Cône Cedonulli*, ce phénix des mollusques gastéropodes.

CHAPITRE IV.

CONSTITUTION MÉDICALE DE LA GUADELOUPE.

La Guadeloupe, de même que les autres pays tropicaux, n'étaient les terribles épidémies qui de temps à autre viennent enlever les Européens nouvellement arrivés, est bien plus que l'Europe favorisée sous le rapport sanitaire. Lorsque l'épidémie sévit dans toute sa force, toute autre espèce de maladie disparaît; on pourrait dire qu'elle a absorbé et s'est assimilé tous les germes des affections étrangères.

Depuis le commencement de ce siècle, les retours périodiques de la fièvre jaune avaient lieu tous les sept ans environ; depuis vingt-cinq ans, les périodes se sont rapprochées et depuis 1851 enfin, l'épidémie n'a pas encore cessé, tandis qu'autrefois sa durée ne dépassait pas une année.

ACCLIMATEMENT.

L'on appelle acclimatement *une disposition particulière du système organique, due à un séjour plus ou moins prolongé dans un lieu où règnent des affections endémiques, mettant les étrangers dans un état de prévention non absolue de ces mêmes maladies et les assimilant aux indigènes.*

Cette exemption, comme nous venons de le dire, n'est jamais absolue. En effet, bien qu'en thèse générale les affections endémo-épidémiques des Antilles ne sévissent que sur les Européens récemment débarqués, il arrive fréquemment que des individus établis dans la colonie depuis quinze, vingt et même cinquante ans, comme il s'en est présenté un exemple au Moule en 1854, succombent avec les symptômes parfaitement tranchés de l'affection régnante.

L'on compte habituellement que l'acclimatement survient à la fin de la troisième année ou au commencement de la quatrième. Ces nombres n'ont aucune valeur certaine. La période d'acclimatement varie avec les idiosyncrasies. Il est même des individus qui ne s'acclimatent jamais.

Diverses causes peuvent hâter cet acclimatement. De graves maladies antérieures, au nombre desquelles l'on doit faire figurer en première ligne les fièvres paludéennes, puis le scorbut. L'on a remarqué en effet que les Européens atteints de fièvres lentes qui les ont réduits à un état de faiblesse chloro-anémique très-prononcé, sont presque à l'abri du fléau. Mais en revanche, rien de plus commun que de voir succéder à ces nombreux accès un accès plus grave à forme pernicieuse.

Si, comme on l'a prétendu, la disposition à contracter, plus ou moins aisément les affections des pays tropicaux, dépend de la plus ou moins grande richesse du sang des individus, il arrivera que ceux dont la constitution est pléthoriques, le tempérament sanguin, le sang riche en globules, seront atteints de préférence aux individus à constitution délabrée, et les hommes de préférence aux femmes, à moins que celles-ci ne se trouvent à une époque plus ou moins avancée de la gestation. C'est en effet ce qui est démontré par l'expérience. Les femmes européennes qui se trouvent enceintes à l'époque des épidémies, échappent rarement aux atteintes du fléau, de même que les femmes chlorotiques jouissent d'une immunité relativement très-grande.

Deux opinions se présentent au sujet de l'exemption dont jouissent les créoles à l'égard des affections qui sont si terriblement funestes aux Européens.

Ou par suite de leur séjour prolongé ils ont absorbé peu à

peu une quantité de miasmes qui les a pour ainsi dire saturés et ne peuvent en prendre à la fois une quantité suffisante pour déterminer l'affection ; ou bien, leur sang étant moins riche en globules que celui des Européens, ils se trouveront dans un état d'immunité probable. Nous adoptons cette dernière opinion. En effet, il n'est pas sans exemple de voir des créoles atteints de la fièvre jaune, et ce sont ceux-là dont l'habitude extérieure se rapproche le plus de celle des Européens nouvellement débarqués. En général, les créoles ont un sang très-pauvre en globules, état pathologique survenant chez les Européens séjournant aux colonies, au bout d'une période qui varie de trois à quatre ans; l'acclimatement ne serait donc que l'appauvrissement du sang. Mais cela ne nous apprend rien sur la nature ni sur le mode d'invasion de la fièvre jaune; l'expérience enseigne seulement que les individus affaiblis, lymphatiques, chloro-anémiques sont acclimatés, c'est-à-dire *moins* aptes à contracter la fièvre jaune.

La seule donnée qui pourrait nous éclairer, c'est la fréquence et l'intensité, relativement plus grandes de l'affection au voisinage des marigots et des palétuviers, à l'abri des brises de mer, là surtout où en temps ordinaire se montrent les fièvres intermittentes. Comme exemple, nous citerons la Grande-Terre, pays plat et marécageux où les épidémies sévissent avec plus de violence qu'à la Guadeloupe, île montagneuse dont les côtes sont accores et les rades foraines.

Ce qui vient corroborer ce que nous avançons, c'est que la seule partie de la Guadeloupe qui soit renommée par ses fièvres est celle qui ressemble à la Grande-Terre, le quartier sous le vent de l'île, la Pointe-Noire et le voisinage de l'ilet à Kaouane.

FIN.

www.ingramcontent.com/pod-product-compliance
Ingram Content Group UK Ltd.
Pitfield, Milton Keynes, MK11 3LW, UK
UKHW020223200726
13856UKWH00004B/1573